AF498995

13 DEC. 1864 Basilewsky

P

Vente des 13, 14 et 15 Décembre 1864

OBJETS D'ART

ET DE CURIOSITÉ

Provenant de la Collection de M. *** Basilewsky

EXPOSITIONS { PARTICULIÈRE, le 11 Décembre 1864
PUBLIQUE, le 12 Décembre 1864 }

Me Charles PILLET, Commissaire-Priseur

MM. MANNHEIM, Experts

IE DE PILLET FILS AINÉ
NDS-AUGUSTINS

CATALOGUE

D'UNE IMPORTANTE RÉUNION

D'OBJETS D'ART

ET DE CURIOSITÉ

Émaux de Limoges, tels que : Beau Triptyque par Pénicaud ;
Aiguière, Assiettes, Coupe, Vase, Plaques, par Léonard Limousin, Pape, Pierre Raymond, etc. ;
Émaux byzantins ; Faïences italiennes et de Bernard Palissy ; Figurines,
Groupes, Bas-Reliefs, etc., en ivoire et en bois sculpté ;
Matières précieuses ; Montres du XVIe siècle ; Bonbonnières et Tabatières ;
Coffret et Plateau en écaille piquée et posée d'or ;
Belles Pièces d'Orfèvrerie ; Bronzes d'art et d'ameublement ; Belle Pendule du temps
de Louis XIV ; Armes occidentales et orientales ; Quelques Tableaux ;
Quantité d'Objets variés

Provenant de la Collection de M. ***

ET DONT LA VENTE AUX ENCHÈRES PUBLIQUES AURA LIEU

HOTEL DROUOT, SALLE N° 1

AU PREMIER

Les Mardi 13, Mercredi 14 et Jeudi 15 Décembre 1864

A UNE HEURE ET DEMIE

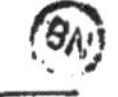

Par le ministère de Me **CHARLES PILLET**, Commissaire-Priseur,
rue de Choiseul, 11,

Assisté de MM. **MANNHEIM**, Experts, rue de la Paix, 10,

Chez lesquels se distribue le présent Catalogue.

EXPOSITIONS { PARTICULIÈRE, le Dimanche 11 Décembre 1864,
PUBLIQUE, le Lundi 12 Décembre 1864,

de une heure à cinq heures.

NOTA. Le Catalogue servira de carte d'entrée
à l'exposition particulière.

CONDITIONS DE LA VENTE

Elle sera faite au comptant.

Les adjudicataires payeront *cinq pour cent* en sus des enchères, applicables aux frais.

ORDRE DES VACATIONS

Première Vacation,	le Mardi 13 Décembre 1864,		du n° 1 au n° 113;
Deuxième —	le Mercredi 14	id.	du n° 114 au n° 208;
Troisième —	le Jeudi 15	id.	du n° 209 au n° 235.

Paris. — Imprimerie de Pillet fils aîné, rue des Grands-Augustins, 5.

DÉSIGNATION

DES OBJETS

PREMIÈRE VACATION

Le Mardi 13 Décembre 1864.

Émaux de Limoges

1 — Très-beau triptyque peir' 'maux de couleurs avec rehauts d'or, monté sur ıvec encadrement de cuivre.

Le tableau du centre représente la Crucifixion sur le Calvaire; le volet droit, la Flagellation, et l'autre, la Mise au sépulcre.

Cette pièce, qui provient de la collection Soltykoff, est une œuvre des premiers Pénicaud. Haut., 22 cent.; larg., 40 cent.

2 — Jolie aiguière peinte en grisaille légèrement teintée sur fond noir, par Pierre Raymond. La panse, de forme

ovoïde, représente un combat tiré de l'histoire romaine et des têtes de chérubins, ainsi que des fruits, des fleurs et des ornements divers. Haut., 23 cent.

3 — Coupe de forme ronde et profonde sur piédouche à balustre; peinture en grisaille rehaussée d'or sur fond bleu. Elle représente à l'intérieur un sujet tiré du Nouveau Testament. L'extérieur est décoré de cariatides, de têtes de chérubins et d'ornements divers. Première moitié du XVIe siècle.

4 — Couvercle de coupe à bossettes saillantes décorées de bustes peints en grisaille sur fond bleu, avec entre-deux représentant les Vertus théologales, peintes en grisaille sur fond noir.

5 — Vase sur piédouche et à couvercle, peint en grisaille sur fond bleu. La panse représente Adam et Ève tentés par le serpent, et chassés du Paradis. Le couvercle est décoré de bustes.

6 — Plaque de forme cintrée, provenant d'un grand baiser de paix; elle est peinte en émaux de couleurs dans la manière des premiers Pénicaud. Elle représente deux personnages en adoration devant la Vierge; derrière eux se trouve saint Jean-Baptiste tenant l'Agneau pascal.

7 — Plaque en forme de losange peinte en grisaille sur fond noir. Elle représente un buste de femme et porte le nom: *Vénus.*

8 — Plaque ronde. — Peinture en grisaille, chairs teintées, représentant Hercule et le taureau de Crète.

9 — Plaque carrée. — Peinture en émaux de couleurs sur fond rouge : l'Annonciation. Ouvrage du XVIe siècle, dans le style des maîtres italiens. Cadre en cuivre doré.

10 — Deux petits médaillons ovales, décorés sur leurs deux faces de sujets mythologiques finement peints en émaux de couleurs et sur paillons.

Ils portent le monogramme I. R.

11 — Assiette. — Peinture en grisaille, chairs teintées, avec rehauts d'or, attribuée à *Jean Courtois*. L'intérieur représente le sujet de la Moisson, figurant le Mois d'août. Le bord et le revers sont ornés de mascarons, d'enroulements et de groupes de fruits.

12 — Assiette. — Peinture en grisaille, chairs teintées et rehauts d'or, au monogramme de *Jean Courtois*. Elle représente le Mois de décembre. Le bord et le revers sont décorés de cariatides, de mascarons et d'arabesques.

13 — Assiette. — Peinture en émaux de couleurs. Elle est ornée d'un sujet figurant le Mois de mars. Le bord est décoré de cariatides et de mascarons.

14 — Six jolies plaques carrées. — Peintures en émaux de couleurs, d'après les maîtres allemands du commencement du XVIe siècle. Elles offrent des sujets tirés de la vie du Christ.

15 — Deux grandes et belles plaques carrées, offrant en émaux de couleurs, deux bustes de guerriers, par Léonard Limousin. Sur l'une se trouve le nom : *Jason*, et sur l'autre, le nom : *Orestes*. Bordures en bois sculpté et doré.

16 — Trois belles plaques de forme carré-long. — Peintures en grisaille rehaussées d'or, attribuées à Pape, représentant divers sujets ayant trait au char du Soleil.

17 — Jolie plaque carrée. — Peinture en grisaille, chairs teintées, par Pierre Raymond. Elle représente Vénus assise dans un char traîné par des colombes et accompagnée par cinq Amours.

Émaux bysantins

18 — Petite châsse, se terminant en forme de toit surmonté d'une crête en bronze doré.

La face antérieure présente Dieu le père bénissant, entre deux figures de saints personnages, et le Christ en croix entre deux autres figures de saints.

Ces figures sont exécutées en relief et appliquées sur un fond champlevé et émaillé fond bleu, avec rosaces en couleurs. Les faces latérales présentent deux personnages debout réservés, sur fond émaillé. La face postérieure est décorée de pierres diverses sur fond doré. XIIIe siècle.

19 — Plaque de forme oblongue en hauteur, représentant le Christ en croix entres les saintes femmes; au-dessus de

ces dernières sont deux figures d'anges. Le Christ et les faces des autres figures sont exécutées en relief sur fond champlevé et émaillé fond bleu à rosaces. XIIIe siècle.

20 — Paix en cuivre doré, ornée d'une plaque champlevée et émaillée, représentant l'Annonciation. Les faces et les mains sont en argent gravé. Travail moderne.

21 — Deux porte-cierges en cuivre champlevé émaillé. Imitation d'émail byzantin.

22 — Custode en forme de colombe, en cuivre gravé et doré, dont les ailes et la queue sont émaillés de couleurs variées. Elle repose sur une plaque ronde en cuivre champlevé et émaillé offrant une rosace sur fond bleu. De cette plaque se détachent quatre branches légèrement cintrées en hauteur, en cuivre doré. XIIIe siècle.

23 — Encensoir de forme sphérique, en cuivre doré et émaillé d'épargne. Il est orné de rinceaux à fleurs émaillés de couleurs diverses, maniées dans la pâte, sur un fond bleu lapis, avec appliques convexes en métal, représentant des animaux chimériques. Travail du XIIIe siècle.

Collection Soltykoff.

Faïences

24 — Fabrique d'Urbino. — Vasque ronde reposant sur trois pieds de lion et à trois anses formées par des serpents enroulés. L'intérieur, décoré en couleur, représente le

triomphe de Neptune, et l'extérieur offre une large rosace ainsi que des rochers et des plantes aquatiques.

25 — Même fabrique. — Petit plat représentant le départ de César pour l'Egypte.

26 — Fabrique de Bernard Palissy. — Plat rond représentant en relief le sujet de Persée et Andromède.

27 — Même fabrique. — Plat ovale à reptiles et coquillages.

Sculptures en ivoire

28 — Ivoire. — Statuette. Sainte Madeleine debout, les mains jointes. Une draperie lui couvre une partie des jambes; le reste du corps est nu. Travail flamand du XVIIe siècle. Socle en bois noir. Haut., 34 cent.

29 — Ivoire. — Groupe. Saint Michel terrassant le monstre. Le saint est vêtu d'une armure enrichie d'ornements sculptés et d'une draperie qui lui couvre une partie du bras gauche et le dos. Son bras droit, élevé, est armé d'un glaive. La figure nous paraît être un portrait. Travail du temps de Louis XIV. Socle en bois noir. Haut., 40 c.

30 — Ivoire. — Statuette. Figure de saint personnage debout, tenant un glaive de la main droite et une palme de la main gauche. Il est vêtu d'une armure et repose sur un socle à moulures enrichi d'un bas-relief représentant un

saint personnage baptisant. Travail du temps de Louis XIV. Haut. totale, 39 cent.

31 — Ivoire. — Statuette. La Vierge debout, tenant son divin fils assis sur son bras gauche. Travail dans le style du XIVe siècle. Haut., 18 cent.

32 — Ivoire. — Statuette. Autre figure de la Vierge debout, tenant son divin fils. Haut., 29 cent.

33 — Ivoire. — Statuette. Autre figure de la Vierge debout. Haut., 18 cent.

34 — Ivoire. — Statuette. Saint Sébastien, percé de flèches, attaché à un arbre. Travail du XVIIe siècle. Haut., 20 cent..

35 — Ivoire. — Groupe. Le Christ, couronné d'épines, entre deux de ses persécuteurs. Socle cannelé en bois noir. Haut., 16 cent.

36 — Ivoire. — Groupe. Deux hommes luttant. Haut., 17 cent.

37 — Ivoire. — Statuette. Saint personnage debout. Travail espagnol. Haut., 30 cent.

38 — Ivoire. — Tête de mort à mâchoire inférieure mouvante. Sur le sommet du crâne se trouve un serpent en relief. Grandeur presque nature.

39 — Ivoire. — Crosse d'évêque, couverte d'ornements, de figurines et d'inscriptions dans le style du XIIIe siècle.

40 — Ivoire. — Bas-relief. Cippe de forme ovale, dont le pourtour, sculpté en bas-relief, représente une bacchanale d'enfants. Monture à anse, couvercle, base et intérieure en vermeil.

41 — Ivoire. — Cippe offrant au pourtour des figures de femmes nues se donnant la main. Monture à anse en vermeil.

42 — Ivoire. — Vase sur piédouche, dont la panse, sculptée en bas-relief, offre une bacchanale d'enfants.

43 — Ivoire. — Bas-relief. Saint Georges à cheval, combattant le dragon.

44 — Ivoire. — Haut-relief. Satyre et nymphe.

45 — Ivoire. — Bas-relief. Le Christ en croix et les saintes Femmes. Travail à l'imitation des objets du XIIe siècle.

46 — Ivoire. — Coffret carré à couvercle cintré, couvert d'animaux et de rinceaux, dans le style du XIIe siècle.

47 — Ivoire. Bas-relief. Peigne double, dont les deux faces présentent une frise ornée de trois médaillons ronds qui renferment divers sujets tirés de la vie du Christ. Travail de style gothique.

48 — Ivoire. — Bas-relief. Autre peigne double, dont

faces présentent des sujets analogues à ceux qui précèdent. Même travail.

49 — Ivoire. — Groupe. Saint Jean assis sur un rocher, enrichi de figures et d'animaux. Travail espagnol.

50 — Ivoire. — Bas-relief. Deux plaques carrées, dont l'une représente le Jugement de Salomon.

51 — Ivoire. — Deux manches de couteaux formés de groupes d'enfants.

52 — Ivoire. — Deux couteaux à manches formés de figurines debout. Ils sont placés dans une gaîne en ivoire ornée de figurines sculptées.

53 — Ivoire. — Deux vases de forme chantournée à couvercles et piédouches. Travail de tour.

54 — Os. — Coffret vénitien en marqueterie de bois et d'ivoire, dont le pourtour et le couvercle sont ornés de plaques d'os sculptées en relief, qui représentent divers sujets. Travail du XIVe siècle.

55 — Ivoire. — Jeu d'échecs, dont les pièces, de très-grande dimension, sont finement sculptées. Travail chinois.

56 — Ivoire. — Statuette. Le Christ enfant, debout, bénissant. Il tient de la main gauche la boule du monde.

57 — Statuette. — Christ, sur croix en bois noir, garnie à ses extrémités d'ornements en cuivre doré.

58 — Ivoire. — Bas-relief carré. Vénus découvrant la grossesse de Calisto. Composition de quantité de figures.

59 — Ivoire. — Statuette. Enfant debout s'appuyant sur un tronc d'arbre.

60 — Ivoire. — Petit groupe. Enfant monté sur un dauphin et sonnant de la trompe

61 — Ivoire. — Haut-relief. Saint Louis debout, couronné. Il tient un sceptre de la main droite et des attributs de la Passion de la main gauche. Le monogramme P. H. se trouve au bas de la terrasse. Bordure en bois noir.

62 — Ivoire. — Deux petites cuillers dont les manches se terminent par des cariatides de femmes.

63 — Ivoire. — Petit groupe. Figurine de femme assise dans un char.

64 — Ivoire. — Bas-relief. Vidrecome dont le pourtour représente un sujet de chasse ; il est monté et doublé en argent repoussé et doré avec manche en ébène. XVIIe siècle.

65 — Ivoire. — Quatre petites colonnes dont le pourtour, sculpté en bas-relief, présente des sujets mythologiques.

66 — Ivoire. — Couvercle orné de rinceaux sculptés en bas-relief; monture en argent repoussé.

67 — Ivoire. — Diptyque offrant sur un de ses volets la Crèche et sur l'autre le Christ en croix entre les saintes femmes. Ces sujets sont placés sous des arceaux de style ogival. Travail du XVe siècle.

68 — Ivoire. — Haut-relief applique. Le Christ bénissant la Vierge. Sculpture du XIVe siècle. Sur socle console en bois sculpté.

69 — Ivoire. — Joli bas-relief, sculpture en haut-relief de forme carré-long, représentant une nymphe couchée, un satyre et des amours dans un paysage. Travail du XVIIe siècle.

70 — Ivoire. — Deux figurines debout : Bacchant et Bacchante sur socles en bois noir avec moulures en ivoire.

71 — Ivoire. — Volet de diptyque représentant, dans deux compartiments ornés d'arceaux de style ogival, la Flagellation et la Résurrection du Christ. XIVe siècle.

72 — Ivoire. — Six pièces diverses provenant d'un échiquier. Collection Jaquinot-Godard.

Sculptures en bois et autres

73 — Bois. — Statuette. Apollon debout, d'après l'antique.

74 — Bois. — Statuettes. Deux figures d'enfants nus couchés et endormis.

75 — Bois. — Deux petits flambeaux ornés de rinceaux sculptés. Époque Louis XIII.

76 — Bois. — Flacon triple formé par les figures accolées de trois moines debout.

77 — Bois. — Groupe de trois personnages assis et accolés autour d'un petit amorçoir.

78 — Bois. — Groupe. Personnage à califourchon sur une grenouille. Travail chinois très-fin.

79 — Bois. — Deux petits bustes de femmes.

80 — Bois. — Médaillon rond offrant en bas-relief un buste de femme. Le haut et le bas du médaillon sont ornés de fleurs, de couronne et d'attributs royaux. Travail de Bonzanigo.

81 — Bois. — Boîte en forme de livre, orné de bustes, de blasons, etc., et portant la date de 1747.

82 — Bois. — Quatre pièces: Etui à aiguilles, plaque offrant un sujet saint et deux médaillons gréco-russes.

83 — Bois. — Christ en croix; à ses pieds se trouvent une sainte femme en pleurs et un ange agenouillé.

Ces trois figures sont appliquées sur fond de velours

noir et placées dans une bordure en bois sculpté à ornements. XVIIe siècle.

84 — Bois. — Statuette. La Vierge debout sur une sphère et appliquée sur un fond rayonnant. XVIIe siècle.

85 — Bois. — Bas-relief. La Crèche. Cette scène est placée dans une jolie bordure à rinceaux sculptés et découpés à jour. Époque Louis XIII.

86 — Bois. — Quatre moules pour gaufres, à dessins variés.

87 — Albâtre. — L'adoration des Rois Mages; sculpture du XVe siècle, peinte et rehaussée d'or.

88 — Bois. — Quatre manches de couteaux formés de groupes d'enfants et de figurines debout.

89 — Calcaire compacte. — Médaillon rond offrant sur une de ses faces un buste d'homme et sur l'autre une croix entourée par un serpent.

90 — Calcaire compacte. — Bas-relief carré offrant à son centre une figure de femme nue vue à mi-corps.

Au bas se trouve le nom de Catherine de Médicis et en haut son blason. Travail moderne.

Bronzes

91 — Groupe représentant saint Martin à cheval, donnant un morceau de son manteau à un homme couché à terre. Bronze français du XVIIe siècle.

92 — Groupe de deux femmes luttant.

93 — Deux petits groupes : Satyre monté sur un bouc, et Satyre monté sur un cheval.

94 — Deux grands chenets italiens en bronze. Ils sont ornés des figures de Vénus et d'Adonis. Les socles se composent de sirènes, de mascarons et de guirlandes de fruits.

95 — Partie inférieure d'un chenet du temps de Louis XIII, orné de deux chevaux marins et mufle de lion.

96 — Deux chenets Louis XV, modèle rocaille, avec figures de musiciens.

97 — Ostensoir de forme monumentale en cuivre doré, avec ornements gravés et enrichi de pierreries.

98 — Deux petites figurines se terminant en rinceaux en bronze doré, provenant d'un cabinet. XVIIIe siècle.

99 — Deux petits flambeaux porte-cierges en bronze, à ornements gravés.

100 — Deux figurines en bronze : Mars et Mercure.

101 — Figure d'homme velu et deux petites statuettes de satyres.

102 — Lampe formée par un masque humain, et figurine d'Hercule de travail barbare.

103 — Deux petits pieds en cuivre à ornements repercés à jour.

104 — Médaille en bronze : SIGISMUNDUS. PANDULFUS. MALATESTE. PAN. F. Ɍ. Vue d'un château fort : CASTELLUM, SISMUNDUM, ARIMINENSE. M. CCCC. XL. VI.

105 — Médaillon en bronze doré, représentant la sainte Trinité.

106 — Deux médaillons : Buste de Henri IV et médaille moderne émaillée.

107 — Écritoire en bronze de forme ronde, enrichie de deux frises ornées de masques de satyres, de guirlandes de fleurs et de rinceaux. Cette pièce repose sur trois animaux chimériques ailés. Travail italien du XVIe siècle.

108 — Écritoire en forme de vase, à culot cannelé et à frise ornée de mascarons et d'arabesques. Bronze italien du XVIe siècle.

109 — Autre écritoire en forme de vase orné de mascarons têtes de chérubins, reposant sur des chevaux marins et surmonté d'une figurine d'Amour.

110 — Petit buste de jeune satyre vêtu d'une peau de bouc. Bronze italien du XVIe siècle.

**

111 — Brûle-parfums en forme de vase, en bronze garni de consoles se terminant à leur partie inférieure par des masques grimaçants.

112 — Marteau de porte formé d'une figure de Neptune debout, placé entre deux chevaux marins ailés. Bronze italien du XVIe siècle.

113 — Médaillon rond. Bas-relief du XVe siècle. Elie transporté au ciel sur un char de feu attelé de deux chevaux.

DEUXIÈME VACATION

LE MERCREDI 14 DÉCEMBRE 1864.

Bijoux et Matières précieuses

114 — Montre du XVIe siècle, contenue dans une croix ouvrante en cristal de roche taillée à cuvette.

115 — Montre en forme de croix en or émaillé; le pourtour, fond bleu à fleurons blancs, et le fond, offre le Christ en croix sur fond bleu. Le cadran, émaillé de même, est décoré de la figure du Christ au roseau et des instruments de la Passion. Le couvercle est en cristal de roche. Époque Louis XIII.

116 — Croix en cristal de roche, montée en or émaillé. La face antérieure présente le Christ en croix entre deux saintes Femmes. La face opposée offre la figure du Christ attachée au poteau. Les bouts latéraux sont ornés de figures de la Vierge, et la bélière est formée par un pélican nourrissant sa couvée. Travail très-fin du XVIe siècle.

117 — Médaillon à double face en cristal de roche, orné de deux peintures sur cristal de roche représentant les figures d'un saint et d'une sainte. Monture à chaîne de suspension en vermeil.

118 — Bijou en or émaillé enrichi de perles et de pierres fines. Son centre présente un pélican et ses petits. XVIe siècle.

119 — Bijou en or émaillé et perles fines, représentant un lion suspendu à des chaînes. XVIe siècle.

120 — Petite boîte ovale en argent émaillé, avec ornements repercés à jour sur fond doré. Époque Louis XIII.

121 — Cristal de roche. — Joli cachet en forme de vase finement gravé, à feuillages, cannelures et ornements variés.

122 — Tabatière ovale en or émaillé gros bleu et à bordures fond blanc. Sur le couvercle se trouve un médaillon peint sur émail, à figures de femme et Amours. Époque Louis XVI.

123 — Boîte de forme carrée à angles arrondis, en ancienne porcelaine de Saxe, dont toutes les faces sont ornées de mosaïques en relief exécutées en nacre et burgau, qui représentent le Triomphe de Vénus et divers attributs. L'intérieur du couvercle est décoré d'un sujet mythologique finement peint en couleur. Monture à cage en or, à ornements émaillés.

124 — Petit panier en argent ciselé avec couvercle, le bord est orné de diamants-tables et de rubis, et le bouton est formé par une poule dont le corps est en perle fine, et les ailes et la tête en or émaillé. Le panier repose sur une plaque d'agate montée en vermeil.

125 — Garniture de bureau, composée d'un plateau de forme contournée en serpentine noble, monté avec galerie à jour en vermeil, de deux flambeaux et de trois petites coupes. Ces cinq dernières pièces sont en jaspe vert et montées, comme le plateau, en argent ciselé et doré. Style renaissance.

126 — Cristal de roche. — Boîte taillée à cuvette, de forme carré-long à angles coupés et profonde. Les cinq faces, ainsi que le couvercle, sont ornés de sujets de chasse gravés en creux. Cette pièce n'est pas montée.

127 — Deux peintures à l'huile sur marbre figuré de Florence, représentant des moines et des monuments.

128 — Cristal de roche. — Intaille. Plaque carrée finement gravée, représentant la Crèche, composition de quantité de personnages.

129 — Cristal de roche. — Camée. Buste de satyre en haut relief, vu de deux tiers, la chlamyde attachée sur l'épaule droite.

130 — Agate orientale mamelonnée. — Petite coupe de forme ronde, bien évidée.

131 — Jaspe rouge. — Quatre petits bustes, représentant deux Empereurs et deux Impératrices romains, sur pieds en même matière.

132 — Couvert composé de trois pièces : cuiller, fourchette

et couteau, à manches en agate, avec montures du xvie siècle, en argent ciselé et doré.

133 — Petit flacon en agate, monté en or repoussé, à fleurs et ornements. Le bouchon est formé par un petit animal assis, en émail.

134 — Étui à parfums en écaille, enrichi d'ornements en posé et piqué d'or.

135 — Nécessaire de poche en écaille, à fleurs, fruits et ornements en coulé et posé d'or. Monture à moulures en or. Les ustensiles manquent.

136 — Étui à aiguilles, de forme ovale, en vernis fond or, et décoré de figures allégoriques.

137 — Médaillon en or à feuillages et ornements émaillés vert, et enrichi de perles fines et émeraudes. Époque Louis XIII.

138 — Montre à cuvette en or émaillé, décorée de personnages dans un paysage. L'intérieur présente un paysage peint en grisaille sur fond bleu clair. Époque Louis XIV.

139 — Bague du xvie siècle en or, avec chaton orné d'un doublet imitant le rubis.

140 — Camée ovale sur agate onyx à deux couches, représentant le Jugement de Pâris. xvie siècle.

141 — Intaille sur sardoine, représentant un guerrier debout devant un autel surmonté d'un vase. XVIe siècle.

142 — Deux intailles sur cornaline : l'une représente deux guerriers recevant la palme des mains d'un personnage assis sur un trône; derrière eux se trouve une Victoire ailée. L'autre offre une Nymphe dansant aux sons de la double flûte que tient un satyre, et de la lyre que tient un Amour.

143 — Petit coffret en écaille piquée et posée d'or et enrichi d'incrustations de nacre de perles. Il est de forme carrée à angles arrondis et rentrants, et chacune de ses faces offre des sujets maritimes avec personnages et monuments. Travail napolitain du temps de Louis XIV.

144 — Plateau de forme contournée, de mêmes travail et époque, offrant à son centre un sujet dans le style chinois.

145 — Peinture sur émail. — Plaque carrée représentant la mort de Calvin, composition d'un grand nombre de personnages.

146 — Christ en ivoire sculpté sur croix en agate reposant sur un socle en vermeil enrichi d'un médaillon émaillé et de pierres diverses, telles que : turquoises, émeraudes, grenats, etc. Au pied de la croix se trouvent deux saintes femmes et une tête de mort en ivoire sculpté. Les quatre angles du socle sont ornés de têtes de chérubins, en ivoire. Travail du temps de Louis XIII.

147 — Petit encrier de poche en laque du Japon, fond noir, monté en or. Époque Louis XVI.

148 — Petite boîte ovale en cristal de roche gravé à ornements.

149 — Petite boîte à mouche en or repoussé et émaillé. Époque Louis XV.

150 — Pomme de canne en or repoussé à figures et ornements. Époque Louis XV. Pesant 32 grammes.

151 — Flacon en lapis-lazuli de travail chinois, monté en vermeil.

152 — Cachet en forme de vase en cristal de roche enfumé.

153 — Flacon de poche en verre vert garni d'ornements en or repoussé et découpé à jour. Époque Louis XV.

154 — Bonbonnière fond bleu guilloché, montée à cordons en or ciselé. Époque Louis XVI.

155 — Boîte ronde en écaille ornée d'une peinture sur émail, représentant la duchesse de Mazarin.

156 — Grosse montre émaillée, à sujet mythologique et paysages. Époque Louis XV.

157 — Médaillon ovale; peinture sur émail du temps de Louis XIV, offrant un portrait de femme représentée avec les attributs d'Hébé.

158 — Petite coupe ovale en cristal de roche taillé à canaux creux.

159 — Petite boîte ronde en ivoire ornée d'une peinture émaillée sur or enrichie de perles fines.

160 — Lot de cristaux de roche : plaquettes et autres.

161 — Portrait de jeune femme peint sur émail. Monture en argent.

Orfévrerie

162 — Vidrecome à couvercle et à anse, en argent repoussé et doré, à médaillons de paysages, fruits et fleurs.

163 — Autre vidrecome à couvercle et à anse, en argent repoussé et doré en partie. Son pourtour offre un paysage avec figures et animaux.

164 — Vidrecome à couvercle en argent repoussé à fleurs sur sur fond doré. Les pieds et le bouton du couvercle sont formés par des sphères. Époque Louis XIII.

165 — Vidrecome à couvercle en argent repoussé à ornements de style rocaille.

166 — Vidrecome en forme de calice en argent repoussé. La coupe est ornée de bustes et des armes de l'empire d'Allemagne : le pied est décoré de fruits.

167 — Viprecome de même forme, à couvercle en argent repoussé à bossages décorés d'ornements rocaille. Le pied est formé par une figurine debout.

168 — Vidrecome analogue à celui qui précède, mais plus petit.

169 — Petit vase de forme ovoïde à deux anses, en argent repoussé à godrons et ornements. Époque Louis XIII.

170 — Vidrecome à couvercle en argent repoussé et doré, à godrons ornés de fruits et de fleurs.

171 — Gobelet à panse renflée, en argent repoussé à bossages et ornements.

172 — Gobelet en argent orné de médaillons, représentant des sujets saints et portant des inscriptions russes. Il repose sur trois boules tenues par des serres d'aigle.

173 — Gobelet en argent repoussé et doré, enrichi de monnaies diverses rapportées. Travail allemand du temps de Louis XV.

174 — Coupe de forme ovale et basse à une anse, en argent, portant au centre les armes de l'empire de Russie. Les

mêmes armes sont répétées à l'extrémité opposée à l'anse et figurent la place du goulot. L'extérieur présente quantité d'inscriptions en langue russe.

175 — Salière en forme de piédouche en argent repoussé, à ornements de style rocaille.

176 — Lampe juive en argent repoussé, doré en partie. Elle présente une façade monumentale enrichie de colonnettes détachées, d'ornements et de fleurs appliquées, etc. Un plateau supporte huit petits lions destinés à recevoir les lumières. L'Aigle d'Allemagne décore la partie inférieure de cette pièce.

177 — Drageoir en argent repoussé, ayant la forme d'un ours assis. La tête est mobile.

178 — Calice en cuivre gravé et doré, dont le nœud est orné de médaillons en argent portant le chiffre du Christ. La coupe est en argent.

179 — Chappe de forme ronde en argent ciselé et doré, enrichie de pierreries. Travail hongrois.

180 — Quatre chappes analogues à celle qui précède et qui seront vendues séparément.

181 — Petite lampe de suspension en filigrane d'argent.

182 — Deux petites tourelles carrées, sur piédouches, en filigrane d'argent.

183 — Deux plateaux ovales, en cuivre repoussé et argenté, dont le centre présente des médaillons de personnages, et le bord des rinceaux, des fruits et des fleurs.

184 — Petit fouet à manche et à deux tresses, en argent.

185 — Coupe formée par une coquille, genre nautile, portant des bustes d'empereurs romains et des inscriptions gravées, et avec parties repercées à jour. Elle est supportée par une figure d'Atlas en argent repoussé.

186 — Coupe formée par une coquille de même genre, montée en argent doré. Son pied est formé par une cariatide de femme, et à sa partie supérieure se trouve un lion héraldique soutenant un écusson.

187 — Coupe en forme de navire, garni de ses gréements, et reposant sur un piédouche élevé. Le tout en vermeil.

188 — Vidrecome à couvercle et à anse, en argent repoussé et doré. Il est décoré de rinceaux et d'arabesques, et son pourtour offre trois médaillons renfermant des animaux marins.

189 — Drageoir en argent repoussé, ayant la forme d'un hibou.

190 — Groupe en argent repoussé. Chasseur monté sur un cerf, reposant sur une base carrée, ornée d'animaux en relief et à bordure repercée à jour.

191 — Lampe hébraïque en argent, doré en partie, présentant

à son centre la figure de Moïse, et décorée de rinceaux repercés à jour.

192 — Salière de forme hexagone en argent, dont toutes les faces sont repercées à jour et qui repose sur six consoles.

193 — Deux figurines en argent, doré en partie : saint Pierre et saint Paul.

194 — Ecritoire avec plateau, en filigrane d'argent.

195 — Bordure de miroir à main, en argent doré, émaillé et enrichi de pierreries. Le manche est formé par un animal fantastique ailé. Travail moderne.

196 — Médaillon rond à double face sur pied droit élevé, le tout en filigrane d'argent doré sur fond émaillé vert et enrichi de perles fines et de coraux.

197 — Médaille en argent de Henri IV et de Marie de Médicis.

198 — Plaque ovale, en argent finement ciselé et repercé à à jour, à dessins et figures dans le style de Bérain. Cette plaque provient d'un drageoir Louis XIV.

199 — Très petite boîte, en forme de portefeuille, en argent ciselé à fleurs et doré. Le fermoir est garni d'un grenat. Époque Louis XIII.

200 — Garniture inférieure d'un fourreau de poignard, en argent gravé et à ornement découpé à jour.

201 — Médaillon ovale, en argent repoussé et finement ciselé, représentant un paysage enrichi de figures et d'animaux. Il porte le monogramme I. B. XVIe siècle.

202 — Quatre médaillons, dont un rond et trois ovales, offrant des sujets religieux niellés sur argent.

203 — Quatre flambeaux en argent repoussé, à feuillages et ornements dans le style de Boule. Epoque Louis XIV.

204 — Plaque en argent repoussé, représentant le festin des Dieux.

205 — Deux plaques en argent repoussé, provenant d'une couverture de livre. Elles représentent l'Annonciation et la Crèche.

206 — Bas-relief applique, en argent ciselé et découpé à jour. Il représente la Vierge entourée d'Anges et de Chérubins.

207 — Deux médaillons en argent repoussé : l'un de forme ovale en hauteur représente une orgie ; l'autre de forme ovale en largeur représente deux personnages ; au bas se trouve l'inscription : *le Touché.*

208 — Boîte, de forme ovale, en argent doré, avec appliques finement ciselées et découpées à jour. Epoque Louis XIII.

TROISIÈME VACATION

Le jeudi 15 Décembre 1864.

Armes anciennes

209 — Arbalète dont la monture en bois d'ébène est enrichie d'incrustations en ivoire gravé représentant des sujets de chasse. Garniture en fer et en bronze ciselé et doré. XVIe siècle.

210 — Autre arbalète avec bois enrichi d'incrustations en ivoire gravé représentant des sujets de chasse. Travail de la fin du XVIe siècle.

211 — Cranequin en fer gravé à animaux et ornements dorés en partie. XVIe siècle.

212 — Autre cranequin en fer gravé à fleurs. Même époque.

213 — Cranequin en fer, dont les dessins gravés sont en partie effacés.

214 — Casque saxon, en fer gravé, à figures et ornements. Travail du XVIe siècle.

215 — Casque en forme de tête d'oiseau à long bec.

216 — Chanfrein en fer, avec bords et arêtes saillantes cannelés. XVIe siècle.

217 — Epée à triple garde et à quillons droits, dont quelques parties ont conservé des ornements damasquinés d'argent. XVIe siècle.

218 — Epée à corbeille, ornée de fleurs ciselées et découpées à jour, et à pommeau gravé. XVIe siècle.

219 — Epée à quillons droits et à pommeau formé par une tête casquée, le tout damasquiné d'argent. XVIe siècle.

220 — Epée à garde de forme très curieuse, composée d'ornements fleuronnés en fer ciselé doré en partie.

221 — Epée à garde, pommeau et quillons enrichis d'ornements et de figurines en fer ciselé.

222 — Epée à triple garde et à quillons droits en fer poli.

223 — Epée à corbeille formée d'entrelacs repercés à jour et à pommeau ciselé.

224 — Epée à double garde à coquilles en fer repoussé et quillons recourbés.

225 — Epée à garde formée d'entrelacs.

226 — Epée à garde et pommeau en fer ciselé à côtes.

227 — Epée à poignée en fer ciselé à imbrications et ornements.

228 — Epée de cour du temps de Louis XV, à poignée en prime d'améthyste, garnie d'ornements et de fleurs de style rocaille en bronze doré.

229 — Couteau de chasse à manche en ivoire sculpté représentant des sujets de chasse.

230 — Manche de couteau en ivoire sculpé, composé de deux figures d'homme et de femme nus. Epoque Louis XIV.

231-232 — Deux grandes épées à deux mains à poignées en fer gravé. Elles seront vendues séparément.

233 — Couteau de chasse à manche en agate garni en argent ciselé.

234 — Petite dague suisse, à fourreau en fer ciselé et à ornements découpés à jour.

235-238 — Quatre petites dagues à manches en fer ciselé. Elles seront vendues séparément.

239 — Poignard à lame striée repercée à jour et manche en ivoire sculpté à figurines.

240 — Poignard à quillons courbes et pommeau en fer ciselé à fleurons.

241 — Poignard incomplet, à lame striée repercée à jour.

242-244 — Trois poignées d'épées en fer doré en partie. Elles seront vendues séparément.

245 — Deux poignées d'épées en fer damasquiné d'argent.

246 — Batterie de fusil à rouet en fer gravé et à ornements et figures repercées à jour. XVIe siècle.

247 — Batterie de fusil, en fer ciselé à figurines en ronde bosse.

248 — Autre batterie de fusil, en fer ciselé et gravé, à mascarons et ornements.

249 — Petite poire à poudre de forme ronde, en fer, enrichie d'incrustations et d'applications en argent.

250-256 — Sept hallebardes de diverses formes. Elles seront vendues séparément.

257 — Quatre masses d'armes, dont trois à ailerons.

258 — Deux éperons en fer, l'un d'eux est doré.

259 — Poignée d'épée de cour en fer ciselé repercé à jour. Le pommeau manque.

260 — Deux pistolets d'arçon à rouet, en fer, à ornements gravés.

261 — Fusil à rouet, dont le bois est enrichi d'incrustations d'ivoire gravé. XVIe siècle.

262 — Fusil du temps de Louis XV, dont la monture en bois sculpté est enrichie d'ornements en bronze finement ciselé et doré.

263 — Fusil de mêmes époque et travail, mais à deux canons et double batterie.

264 — Bois de pistolet enrichi d'incrustations en ivoire gravé.

265 — Couvert pliant, composé d'une cuiller, d'une fourchette et d'un couteau en fer bleui damasquiné d'or.

266 — Bouclier à ombilic à godrons et à frise représentant un combat de cavaliers.

267 — Ceinture tissée en fin.

268 — Petit fusil avec batterie à pierre damasquinée d'argent et canon en damas damasquiné or. La crosse est garnie en velours. Travail oriental.

269 — Trois javelots en fer enrichis d'ornements dorés, placés dans un fourreau en velours violet garni en fer, avec ornements dorés. Travail indien.

270 — Javelot en fer, avec ornements dorés. Travail indien.

271-272 — Deux fers de lances en fer damasquiné d'or. L'un d'eux est orné de quatre colonnettes repercées à jour. Travail de l'Inde. Ils seront vendus séparément.

273-277 — Cinq masse et marteaux d'armes en fer, à ornements dorés. Travail de l'Inde. Ils seront vendus séparément.

278 — Poignard circassien, à poignée en morse, lame damas et garniture en argent niellé.

279 — Poignard à lame courbe en damas et poignée en fer, damasquiné en or, à fleurs et ornements. Travail de l'Inde.

280 — Deux étriers en fer ciselé et doré, à ornements repercés à jour et damasquinés d'argent. Travail oriental.

281-282 — Deux sabres doubles, avec fourreau en écaille et garniture en cuivre gravé. Travail chinois.

283 — Sabre chinois avec fourreau en peau de requin et garniture en cuivre gravé.

284 — Petite trousse chinoise, avec fourreau en écaille, et manche du couteau en jade verdâtre.

285 — Corne à boire garnie en argent niellé. Travail de Toula.

286 — Petite rondache en cuir, garnie d'ornements en cuivre gravé et de pierres diverses. Travail oriental.

287 — Deux pièces provenant d'un narguillé en étain incrusté d'argent. Travail oriental.

288 — Deux pistolets dont les montures sont en bois sculpté, à ornements Louis XV.

289 — Deux poignées d'épées en bronze, du temps de Louis XV.

Bronzes meublants

290 — Petite pendule Louis XVI, en bronze doré au mat, et marbre blanc : la Pleureuse d'oiseau.

291 — Petite pendule Louis XVI, en bronze doré; modèle Lion. Lunette et accessoires en marcassites.

292 — Deux flambeaux style Louis XVI, en bronze, avec pieds à canaux creux et feuilles d'eau.

293 — Deux flambeaux Louis XVI, en bronze doré, modèle balustre bas.

294 — Deux flambeaux Louis XVI, en bronze doré, à feuilles d'eau.

295 — Deux flambeaux style Louis XIII, à dauphins, en cuivre.

296 — Deux jardinières formées de cippes en porphyre rouge oriental, avec moulures en marbre blanc et montures en bronze doré.

297 — Deux flambeaux Louis XVI, en bronze doré. La colonne, à balustre cannelé, est entourée par trois dauphins.

298 — Deux flambeaux Louis XVI, en porcelaine fond blanc, à décor de fleurs et monture en bronze doré au mat.

Objets divers

299 — Tableau vénitien, de forme octogone en hauteur, en cuivre doré à moulures, enrichi d'incrustations et d'une sculpture en corail, représentant la Vierge entourée d'anges. Une bordure extérieure en cuivre émaillé enrichie de mascarons et d'ornements en corail, complète l'ornementation de cette pièce. XVIe siècle.

300 — Pendule Louis XIII, en cuivre gravé et doré. Le mouvement est placé dans un socle rond surmonté d'un Christ en croix et le cadran horizontal se trouve dans une sphère ajustée à l'extrémité supérieure de la croix.

301 — Vidrecome allemand, en verre émaillé à personnages, et portant la date de 1718.

302 — Petit pupître en marqueterie de bois et d'ivoire; il porte la date de 1728.

303 — Petit cabinet en bois noir et feuilles d'argent appliquées, à dessins gravés.

304 — Vase à couvercle en verre incolore à côtes horizontales et nœud orné de mascarons et guirlandes.

305 — Petit gobelet en verre gravé monté à anse en filigrane d'argent doré.

306 — Petit vase en cuivre repoussé et doré, à six lobes décorés de fleurs et de rinceaux et à une anse mobile en bronze doré, dont les attaches sont formées de têtes grimaçantes. Époque Louis XIII.

307 — Très-petit coffret en fer, dont le pourtour offre des cariatides ailées et des rinceaux en relief, et le couvercle un sujet mythologique placé entre quatre têtes de chérubins. La plaque de dessous porte la date de 1654 et l'inscription : *Soli. Deo. Gloria.*

308 — Grande cruche en grès de Flandres, décorée de figures de chevaliers et de blasons en relief émaillés gris.

309 — Baril en grès de Flandre à dessins bleus sur blanc.

310 — Tableau carré offrant une mosaïque de burgau et de marbres divers sur fond noir, représentant des guirlandes de fleurs, des papillons et des animaux divers. Travail de Dirck Van Ryswyck.

311 — Plat en étain décoré de médaillons représentant des empereurs romains à cheval, des arabesques et quantité de figures. XVIe siècle.

312 — Vase en forme de bouteille, couvert d'une imbrication en nacre de perles ; sur la panse se trouve un écusson en cuivre repoussé et doré. Monture en bronze doré.

313 — Jeu de tric-trac formant boîte, en bois d'ébène et ivoire, enrichi d'incrustations et de bas-reliefs en cuivre doré.

314 — Console de suspension en bois sculpté et doré à mascarons et guirlandes de fleurs. Epoque Louis XIV.

315 — Grande et très-belle pendule en ancienne marqueterie de cuivre sur écaille noire, accompagnée de son socle de suspension, très-richement garnie de bronzes. Epoque Louis XIV.

316 — Pendule Louis XV et son socle de suspension en bois peint en vert et garnie de bronzes.

317 — Deux petites glaces carrées dans des bordures en bois noir à moulures enrichies de guirlandes de fleurs et d'ornements en bois sculpté et doré.

318 — Deux consoles à suspension en bois sculpté de style gothique, à animaux et fleurons.

319 — Trois bordures en bois sculpté et doré du temps de Louis XIV, qui seront vendues séparément.

320 — Un lot de bordures et d'ornements en bronze doré dont quelques pièces très-fines du temps de Louis XVI.

321 — Clef en fer dont la partie supérieure représente un château fort.

322 — Peinture sur verre à fond d'or, représentant un sujet saint, peinture gréco-russe.

323 — Deux bougeoirs en bronze doré sur socles en malachite.

324 — Presse-papier orné d'une mosaïque de Rome représentant la cascade de Tivoli.

Tableaux

325 — Portrait de Guillaume le Taciturne vu à mi-corps en riche costume de l'époque.

326 — Petit portrait d'homme vu à mi-corps ; près de lui, à gauche, un blason et les monogrammes : L. M. et H. M. H. Ce dernier monogramme est répété deux fois. Ecole flamande primitive.

327 — Portrait de Philippe le Bon, portant le collier de la Toison d'or et couvert d'une toque rouge.

328 — Portrait de *Charles le Quint nommé saige fils du roy Jean.*

329 — Portrait de personnage coiffé d'une toque à plume blanche. Ecole allemande.

330 — Portrait d'homme cuirassé et portant une écharpe rouge : *Le duc Alva.*

331 — Petit portrait d'homme vu à mi-corps en costume du temps de Louis XIII.

332 — Deux peintures gothiques sur fond d'or ; la Vierge et l'Enfant Jésus entourés de saints personnages.

333 — Grand tableau représentant la vierge vue à mi-corps, tenant son divin fils debout sur ses genoux. Ecole flamande.

334 — Petit tableau représentant une femme fumant ; derrière elle se voit un personnage bourrant sa pipe. Il porte la signature de *Jean Steen.*

335 — Portrait d'un Electeur de Saxe. Tableau carré.

336 — On vendra sous ce numéro les objets omis au présent catalogue.

Vente des 13, 14 et 15 Décembre 1864

OBJETS D'ART

ET DE CURIOSITÉ

Provenant de la Collection de M. ***

EXPOSITIONS { PARTICULIÈRE, le 11 Décembre 1864
PUBLIQUE, le 12 Décembre 1864

Me Charles PILLET, Commissaire-Priseur

MM. MANNHEIM, Experts

PARIS IMPRIMERIE DE PILLET FILS AINÉ
5, RUE DES GRANDS-AUGUSTINS.

www.ingramcontent.com/pod-product-compliance
Ingram Content Group UK Ltd.
Pitfield, Milton Keynes, MK11 3LW, UK
UKHW020439180726
13839UKWH00004B/1565

9 782329 506715